34869983R00083

Made in the USA
Columbia, SC
18 November 2018